AU PEUPLE SOUVERAIN;

SUR LE PROCÈS DE LOUIS SEIZE.

PAR UN RÉPUBLICAIN.

A PARIS,

Chez LEPETIT, Libraire, quai des Augustins, N°. 32.

L'Angleterre instruisant la France, 1 vol. in 8o. qui est sous presse, & paroîtra mercredi 26 déc embre 1792. Cet ouvrage sera orné d'une superbe figure, représentant l'Angleterre & la France, sous la figure de deux femmes; la première montée sur un Léopard, tenant un grand livre où sont écrits ces mots: *respectez les jours de l'innocence.* La France est sous la forme d'une autre femme montée sur un trône, qui écoute attentivement l'Angleterre qui lui dit ces paroles :

Le 8 *février* 1649.

Je commis un grand crime.
Prenez bien garde de suivre mon exemple.

Si du Dieu de bonté vous voulez implorer la clémence,
Ouvrez les cachots, & brisez les fers de l'innocence.

Cet ouvrage fait suite à la relation véritable de la mort C...... & B...... de Charles premier, avec la harangue faite par Sa Majesté sur l'échafaud, 1 volume in-8o., orné du portrait de Charles premier. Prix 2 livres.

AU PEUPLE SOUVERAIN.

IL ne faut pas de génie pour défendre Louis. Tout citoyen doué d'un cœur droit, d'un esprit sain trouvera en lui des moyens suffisans.

Si beaucoup ne l'ont pas entrepris, c'est que les uns en ont été empêchés par les préjugés qui les aveuglent, & les autres parce qu'ils n'ont pas osé pratiquer la maxime reçue dans les gouvernemens libres, qui est de dire & d'écrire son opinion telle qu'elle soit, lorsqu'elle n'attaque point les loix. J'aurois à craindre de ne pas réussir, moi, qui parle naturellement à la dictée de mon cœur, si les François, oubliant leur loyauté & leur franchise, se laissoient plutôt entraîner par l'éloquence perfide & les raisonnemens chicanniers de ces feuilles qui devroient être consacrées à notre instructions & aux progrès des vertus républicaines. Mais je serois sûr de ne pas réussir, que pour la tranquillité de ma conscience j'émettrois mon vœu. Bien plus, le terrible tranchant seroit prêt de tomber sur ma tête que je crierois à mon bourreau : frappe, s'il faut que je renonce à défendre celui que je vois innocent. Oui! citoyens, malgré le système d'utilité qu'on tâche de vous insinuer pour excuser le supplice de Louis, je vais vous démontrer que le jugement qui le condamneroit à mort, quand même il seroit coupable, seroit, non-seulement un opprobre dont chaque François seroit couvert, mais encore le signal de toutes le calamités qui peuvent affliger une république naissante. Malgré l'apparente opinion générale, je vais vous prouver qu'elle n'existe pas, parce que rien ne la caractérise, & je vous ferai connoître les dangers qui peuvent résulter de ne pas attendre sa voix sacrée. Malgré les preuves qui semblent condamner Louis, je vais prouver qu'il est innocent. Je vais m'expliquer franchement. Vous allez convenir avec moi, qu'il n'y a que de l'erreur dans quelques citoyens, & qu'une rage effrénée ou l'intérêt personnel dans ceux qui demandent son supplice. Je voudrois que tous ceux qui prétendent le juger, jurent comme moi, non de leurs lèvres, mais bien du fond de leurs cœurs, de se vouer sans cesse à la prospérité de la république françoise. Louis ne seroit point condamné, & nous jouirions toujours de ces biens si précieux pour l'humanité & pour les peuples : la vertu & la liberté.

On nous dit que Louis sera le point de ralliement des royalistes & des factieux ; que tant qu'il vivra ils conserveront de l'espoir. Cela veut dire qu'il pourra anéantir un jour notre liberté ; que lui seul occasionnera les séditions ; qu'il est très-patriotique de le tuer pour la sûreté générale. Discutons ensemble ces raisonnemens aussi faux que barbares.

Si la volonté générale n'est pas pour la république, celle qui existe actuellement est une chimère. Aucune précaution ne pourra la conserver. Mais la nation entière la veut. Les intrigues qui environnoient le trône, & qui rendoient nulle toute espèce de responsabilité, ont assez effrayé les vrais amis de la liberté, & ouvert les yeux au peuple, pour qu'il persévère dans la régénération du gouvernement sur des bases plus naturelles & plus solides. La loi qui punit de mort les émigrés, & qui ordonne la vente de leurs biens, s'exécute ; il n'y a donc que du mépris à avoir pour ces soi-disans défenseurs du trône, & non de la crainte. Il y a une loi qui punit de mort ceux qui proposeroient ou travailleroient à rétablir la royauté. Cette loi porte avec elle une très-grande extension. Je vous demande, citoyens, quels sont ceux actuellement en France qui seroient actuellement les protecteurs de Louis, ou qui agiroient pour lui. Mais en existe-t-il? Y a-t-il apparence qu'un homme sans nom, sans autorité, dans une république où tous sont égaux, ose proposer ouvertement à la nation de rétablir Louis sur le trône. S'il faisoit ce qu'on appelle des caballes, elles seroient impuissantes; car il faudroit qu'il répandît de grosses sommes à nombre d'agens pour amortir en eux la crainte de la mort.

Comment un tel complôt ne seroit-il pas à l'instant découvert? Les riches qui sont actuellement en France ne desirent actuellement que la paix & la conservation de leurs personnes & de leurs propriétés. S'ils étoient des champions de l'aristocratie, ils seroient émigrés. Les contre-révolutionnaires qui sont restés, sont trop lâches pour tenter de rétablir Louis; & d'ailleurs ils doivent se souvenir qu'ils ont été toujours sacrifiés dans les occasions où ils ont voulu se montrer. Supposerez-vous qu'il ait des protecteurs dans la convention nationale, dans le ministère; que par leur influence ils pourront travailler l'esprit du peuple? Mais les mêmes hommes n'auroient point fait la journée du 10 août, ils n'auroient point voté la république; ceux-là n'auroient pas voté l'accusation de Louis, à moins qu'au-lieu de les croire des législateurs libres, vous les preniez pour des écoliers qu'on a intimidés, ce que pour notre honneur & notre intérêt il seroit avilissant & absurde de supposer. Je veux encore qu'il y ait par-tout des protecteurs de Louis, que leur intérêt, que je ne puis appercevoir, car on n'est pas factieux sans intérêt ; je veux, dis-je, que leur intérêt, ou bien leur royalisme, les porte à vouloir, aux dépens de leurs vies, rétablir Louis sur le trône ; eh bien ! si Louis n'existoit plus, ils seroient pour ses enfans : si les enfans n'existoient plus, ce seroit pour les frères ; car l'intérêt ou la passion prendroit source dans la même cause. Mais c'est alors que la cause étant plus cachée, leurs menées seroient bien plus obscures & puissamment secondées par les puissances étrangères, & que les dangers seroient bien plus réels, Louis étant mort. Quand on a juré de vivre libre ou mourir, on doit être au-dessus de terreurs aussi basses. Nous ne sommes plus au temps des revenans & des loups-garous.

Ces terreurs ne peuvent donc exciter à tuer Louis. Louis est coupable, dit-on ; il a trahi la nation, il faut qu'il soit jugé ; il faut qu'il meure. Ainsi, avant d'avoir bien connu ses accusateurs, avant qu'il soit jugé par ses véritables juges, avant qu'il ait produit ses défenses, & que tu ayes calculé tes intérêts, le sort de Louis est décidé.

Vingt mille hommes, vingt mille municipalités viendroient à la barre de la convention demander le supplice de Louis, qu'on ne pourroit conclure de-là la volonté de la nation, & décréter le supplice de Louis. Dans une cause qui intéresse la gloire & la liberté de la nation, comme je le démontrerai dans la suite, il faut que la grande majorité l'accuse : un individu ne peut être revêtu de cette grande fonction que par la nation entière, & la nation ne peut la lui confier, sans que les pièces ne lui ayent été auparavant communiquées par la voie de l'impression, & que, réunie en assemblées primaires, elle ait décidé solemnellement qu'il y a lieu à accusation. Si la convention nationale, sans l'ordre du souverain, prend le titre d'accusateur public, elle ne peut juger. Pour quoi ? Parce qu'on ne peut être accusateur, dénonciateur & juge en même temps; parce que la convention nationale exerce une fonction administrative dont elle n'est pas responsable, & qu'un juge, étant administrateur de la justice, doit être responsable de l'application qu'il fait de la loi aux délits qui lui sont dénoncés. De plus, si la convention nationale prétendoit le juger, contre les principes de la liberté publique, il faudroit au moins qu'elle ne se crût pas la partie offensée; que quelques-uns de ses membres n'eussent pas opiné pour la mort de Louis avant qu'il fût entendu, qu'il se fût défendu & qu'elle l'eût jugé : car on ne peut être prévenu contre un homme, & être un juge équitable. Louis, dont les droits sont aussi sacrés que ceux d'un voleur de grande hemin, doit donc récuser ce prétendu accusateur public pour son juge, & tous ceux qui l'ont jugé coupable avant qu'il se fût défendu; la loi accorde ce droit, on ne doit pas le lui ravir. La haute-cour-nationale jugeoit en dernier ressort, mais elle étoit responsable de ses jugemens à la nation. Sortez de ces principes, vous créez le despotisme. Si la convention nationale retient entre ses mains le pouvoir exécutif & le pouvoir légiſlatif, nous ſommes perdus, parce que où il n'y a point de reſponſabilité naiſſent le déſordre, le gaſpillage, l'oubli de la ſouveraineté du peuple. Le véto eſt entre les mains du peuple, pour contenir l'aſſemblée, ſi elle s'écarte de ſes devoirs : c'eſt la ſeule garantie du peuple ; il faut qu'il retienne ce droit avec force.

On eſſaiera de faire paſſer ces vérités pour des erreurs ; avec de grandes phraſes, on me dira : vous ſuppoſez donc la convention nationale injuſte, incapable de réfléchir. Je ne ſuis point flagorneur ; à cela je réponds qu'elle peut ſe laiſſer entraîner par un mouvement ſubit dont elle n'eſt point reſponſable ; ce qui eſt de la nature des grandes aſſemblées, comme nous en avons l'expérience ; qu'elle établira avec pureté les droits politiques du peuple, s'il conſerve le véto ; & que c'eſt parce que la paſſion du bien public l'emporte dans ce corps, qu'elle ne peut avoir le ſang-froid d'un juge reſponſable qui ouvre la loi & prononce.

Si j'étois en diſpute avec mon voiſin ou avec un juge de paix, ſi nous nous battions enfin, c'eſt ici la cauſe dont il s'agit ; mon voiſin ou le juge de paix, parce qu'il ſeroit le plus fort, auroit-il le droit de me juger ? La loi du plus fort n'eſt ſuivie que par les tyrans, les tigres & les peuples barbares.

Mais faut-il donc que le crime reſte impuni, ſi Louis eſt coupable ? Je cherche des juges, & voici ceux qui ſe préſentent naturellement à ma raiſon, parce qu'ils ſont plus impartiaux, auſſi patriotes & autant éclairés que les autres, & parce qu'en un mot ils ſeront reſponſables à la nation du mal-jugé, de telle façon que ce ſoit.

Deux hommes par département, d'une vie ſans tache & ſans reproche, patriotes reconnus depuis la révolution, éclairés dans les loix & dans la politique, qui prêtent le ſerment de juger en leur ame & conſcience. Ne vous laiſſez point ſéduire par ce mot patriote. Le vrai patriote eſt celui qui n'a jamais fait tort à perſonne, qui eſt bon mari, bon père, obſerve les loix & ſe dévoue à la choſe publique ſans faire de cabales : voilà le caractère du vrai patriote. Si ce choix eſt mépriſé, nous ne ſommes pas faits pour la liberté. Si ce tribunal n'eſt pas créé, le jugement de Louis ſera plutôt l'effet de la paſſion que la voix ſacrée de la juſtice.

L'accuſation du peuple portée à ce tribunal, je prends la defenſe de Louis, le peuple préſent.

Je demande l'attention la plus ſuivie, qu'on s'exempte un inſtant de tous préjugés, & que l'on ait la main ſur la conſcience.

Un roi n'eſt pas ſimplement un chargé d'affaires du peuple, reſponſable des fautes de ſon adminiſtration; il eſt uniquement le point du centre où viennent aboutir les affaires étrangères, les opérations de la guerre, de la finance, l'adminiſtration de la juſtice, l'exécution de toutes les loix poſſibles. Si tout ſe faiſoit ſous ſon inſpection, il faudroit qu'il eût les connoiſſances les plus profondes, toute l'activité & tout le génie d'un Dieu. Il faut qu'il confie la plus grande partie de ſon autorité à des miniſtres. Les miniſtres, hommes éclairés & ſouvent hypocrites, ſont honnêtes gens juſqu'au moment où ils ont commis les fautes les plus graves, & qu'elles ſont prouvées. Les miniſtres ne peuvent tout faire par eux-mêmes, leurs agens trompent encore. SI les miniſtres que l'opinion publique a quelquefois déſignés, abuſant de leur génie, font faire perſonnellement des fautes au roi pour s'en décharger plus facilement ; car qui de nous ne ſe laiſſeroit pas entraîner au langage ſéduiſant d'un homme qu'on connoît éclairé, qu'on croit ſincère. Si, dis-je, le roi eſt trompé, eſt-il reſponſable ſur ſa tête du crime des autres? eſt-il reſponſable du choix de ſes miniſtres : le lui avoir laiſſé ſous cette condition, ç'auroit été un piége ; Louis auroit refuſé la royauté. Le rendre reſponſable ſur ſa tête des fautes des agens de ſes miniſtres, c'eſt une dériſion perfide. Ah! plaignons plutôt le ſort d'un roi, d'être trompé & trahi ſans ceſſe.

Lorſqu'une monarchie eſt en révolution, elle eſt ſemblable à un vaiſſeau au milieu des orages. La royauté eſt le grand mât du vaiſſeau ; le roi eſt le pilote. A chaque moment du danger qui menace, on s'en prend à l'inexpérience du pilote. Si les officiers font des fautes, le pilote en eſt-il reſponſable ; ſi l'on eſt forcé de jetter à la mer le bagage de quelques paſſagers pour ſauver l'équipage, le pilote en eſt-il reſponſable? Si les paſſagers, contre l'intention du pilote, abattent le grand mât, & que par un miracle inattendu ce ſoit-là le ſalut de tous, le pilote, pour n'avoir pas agi en déſeſpéré, ſera-t-il condamné à mort, lorſque l'on ſera à bord? Ah! voyons la joie renaître dans tous les cœurs, & cette époque plutôt célébrée par des fêtes & des actions de graces que par l'appareil d'un ſupplice injuſte.

Louis ſe préſente donc devant nous comme le plus malheureux des rois, & comme le pilote qui n'a pu ſauver lui-même ſon équipage. Il ſe préſente ſans apprêt, ſans fard, pour répondre aux accuſations que vous avez eu le temps d'approfondir ; accuſations qui effraieroient un coupable, mais qui encouragent l'innocence.

Développons ſes réponſes auſſi naïves que juſtes ſur les délits les plus graves qu'on lui impute. Je n'ai point les pièces, je ne les contredirai point. Je regretterois de ne pas entrer dans les plus minces détails, ſi je n'étois perſuadé que le lecteur judicieux dédaigne de ſe raccrocher aux plus petites choſes, comme les plaideurs de mauvaiſe foi.

Les incidens de chicane paſſent, le fonds reſte toujours. Voyons la cauſe en grand. Ne nous arrêtons pas à l'exécution des décrets, comme l'a obſervé Louis avec ſagacité : les miniſtres ſeuls en étoient chargés ſous leur reſponſabilité.

Voici les délits prétendus perſonnels.

Avoir méconnu la ſouveraintė nationale en faiſant avancer des troupes contre l'aſſemblée, & les meurtres des Tuileries, &c.

Lorſque Louis préſenta ſa déclaration du 23 juin, qui contenoit en grande partie le vœu éconcé dans tous les cahiers des ci-devant bailliages, il croyoit annoncer au peuple la paix & le bonheur. Les prêtres & les nobles dont les talens égaloient la fourberie, lui préſentèrent ce projet ſous le point de vue le plus favorable. Pouvoit-il réſiſter, lui qui n'étoit pas encore mûr dans les affaires politiques, & au vœu des cahiers qu'ils croyoit exaucer, & anx ſollicitations réitérées de ceux qui l'entouroient. Ne ſe ſouvient - on plus qu'il parut étrangement étonné de l'accueil que lui fit le peuple aussitôt que cette déclaration fut prononcée ? Le ci-devant tiers-état fit des représentations, non en personne, car les nobles & les prêtres l'empêchèrent; toutes celles qui parvinrent à Louis, furent tronquées & présentées avec mépris par ceux qui avoient intérêt qu'elles ne produisissent aucun effet. On lui représentoit que c'étoit l'ouvrage de quelques factieux, de quelques intrigans; il persista dans sa déclaration. Les grands d'alors, investis de l'autorité militaire, firent marcher des troupes, & la souveraineté de la nation fut méconnue, malgré les intentions pures de Louis. Il n'y avoit pas de loix alors; voilà sa réponse. Cela veut dire, s'il y en avoit eu, je les aurois suivies, elles m'auroient guidé.

Au mois de juillet de cette même année, croyez-vous qu'il auroit contemplé ou écouté avec sang-froid le récit du massacre des citoyens aux Tuileries & à la Bastille. N'a-t-il jamais versé des larmes de sensibilité ? Ses agens n'ont-ils pas pris sur eux ces horribles excès d'autorité dans l'intention de plaire & de favoriser les intentions de leurs dignes protecteurs ? Rappelez-vous du jeudi 17 juillet, où il vint à l'hôtel de ville prononcer ces paroles si touchantes que vous fîtes graver sur le marbre, lorsqu'il prit la cocarde nationale, & se montra par une croisée à l'empressement du peuple ? Autant les citoyens avoient été consternés, autant ils furent joyeux de ces preuves d'amitié. Ce fut à votre demande que par-tout on célébra cette époque, & que cette légende à Louis XVI restaurateur & père d'un peuple libre, fut le tribut de reconnoissance de la nation fançoise.

Oubliera-t-on que c'est à ses interpellations sévères qu'on dut la réunion des trois ordres ?

Il faudroit dans une cause semblable opposer toutes les bonnes actions à celles douteuses, le voile tomberoit bientôt. N'agirions-nous toujours que par fougue, & avilirions-nous dans un temps ce que nous exaltions jusqu'aux cieux dans un autre. La suite de ses actions est-elle le contraire de ce qu'il fit alors ? Non, les évènemens inséparables d'une révolution ont amené du changement dans notre culte politique : Louis eut toujours la même ame. Poursuivons.

Refus de sanction sur le décret du 11 août.

Dans l'incertitude d'une conscience timorée, il a fait des observations, mais non refusé la sanction. Tout le monde sait que la nuit du 4 août où chacun abandonna ses priviléges, fut causée par un mouvement d'enthousiasme & en même temps par une ruse mal-adroite du côté droit. Louis ne pouvoit croire alors qu'une révolution entraînât des sacrifices qu'on ne manqua pas de lui représenter énormes & ruineux pour beaucoup de familles. Sa commisération qui fut le motif de ses observations, si elle pouvoit passer pour erreur, ne seroit pas un crime.

Voyons donc en lui un cœur bon, qu'on intéressoit par la pitié, assailli par des hommes dévorés d'égoïsme.

Au 14 juillet 1790, lorsque nous allâmes au Champ de la Fédération avec nos généreux compatriotes des départemens, les nuages qui sembloient vouloir reculer notre serment, se dispersèrent pour laisser un ciel pur. Les bras tendus, les cœurs exaltés, nous jurions à l'arbitre des empires de maintenir notre constitution, de mourir pour sa défense : scène imposante & religieuse que notre postérité n'entendra qu'avec un saint respect. Vous qui par ce serment étiez monarchistes patriotes, & qui cependant par vos écrits, je les veux croire sincères, je les crois sages; vous qui ébranliez la constitution dans ses fondemens, qui sapiez le trône, qui avez corroboré les ames dans les principes républicains; vous que les croyans à la constitution pouvoient regarder comme sacriléges, vous seriez étonnés que ceux attachés innocemment au préjugé de la monarchie aient été vos adversaires, qu'ils aient par leurs écrits démasqué les fourbes qui se paroient des dehors patriotiques? Non, philosophes qui nous avez éclairés, vous devez savoir juger les hommes : c'est vous que j'interpelle. Quand Louis, chose qui n'est point prouvée, auroit lui-même donné des gratifications, payé des frais d'impression pour des ouvrages qui, en défendant la monarchie, lui sembloient capables de ramener le calme, de répondre aux principes qu'on introduisoit contre la royauté; quand même on l'auroit séduit pour l'établissement d'un club monarchique dans les principes constitutionnels; qu'il auroit consenti qu'on payât des applaudissemens dans cette vue; qu'il auroit apostillé ces projets, je soutiens qu'il ne seroit point coupable, & que ces vues pouvoient être pures. Sommes-nous Dieu, pour fouiller dans les consciences? Faut-il métamorphoser en actions criminelles les actions les plus simples ? Cette intolérance me rappelle l'ingénieuse fourbe du despotisme & le tribunal de l'inquisition.

Qu'on se rappelle l'esprit presque toujours contre-révolutionnaire qu'apportoient certains ministres à la cour, & qu'on ait toujours devant les yeux la platitude de ces écrivains faméliques qui flattent les ministres pour attraper des places, on verra bientôt comment toutes les parties de l'empire pouvoient être empoisonnées de feuilles aristocratiques dont la source paroissoit dans la volonté de Louis.

La révision de la constitution.

Elle fut proposée à l'assemblée constituante par les membres mêmes qui s'étoient signalés par leur patriotisme dans la séance où le tiers-état se constitua en assemblée nationale. Ce fut à la majorité, après de longues discussions, que cette révision passa ; & on ne peut prouver que Louis ait corrompu la majorité, même le rapporteur du comité de révision. Le véto, fléau de discorde entre le pouvoir législatif & l'exécutif, s'il eût été plus profondément combiné pour l'intérêt du peuple, auroit été une force modératrice ingénieusement inventée pour empêcher le corps législatif de dégénérer, s'il eût proposé des décrets contraires à une sage constitution. On ne peut faire un crime à Louis d'un droit qui lui avoit été accordé avant la révision.

L'affaire du Champ-de-Mars.

Louis n'est point coupable de cette fatale journée à laquelle les ames sensibles donnent encore des pleurs.

Elle fut causée d'un côté par l'héroïsme des vrais amis de la république, d'un autre par la chaleur & la résistance des faux & des vrais constitutionnels. L'assemblée avoit décrété que le rassemblement seroit dispersé ; que ceux qui avoient des intentions criminelles, sous le prétexte d'exécuter le décret, aient hâté la proclamation de la loi martiale, le crime en est à eux, & non à Louis, qui étoit suspendu.

Fuite de Louis.

Le lendemain de cet évènement, j'étois républicain. Louis, me disois-je, n'est pas sans réflexion. On l'a trompé jusqu'à ce point. Tous les rois le seront. Approfondissons à ce sujet l'histoire de la révolution, nous appercevrons comme on l'a séduit & entraîné avec art. On sentoit que Louis n'auroit jamais voulu usurper l'autorité souveraine. Les uns pour que les puissances étrangères soient certaines qu'il étoit contre les loix du peuple, ont machiné sa fuite, d'autres ambitieux, travaillant dans un sens contraire, l'ont hâté. Quand elle a été préparée, on lui a noirci les objets, les personnages, le peuple ; on a suscité des troubles alarmans pour lui ; on l'a forcé par des terreurs qui sembloient fondées. Cromwel, par ses profondes intrigues, força Charles

Charles Stuart à faire des actes arbitraires contre les loix, des levées d'impots; il le força à marcher contre le peuple. D'un autre côté il soudoyoit des grouppes d'orateurs contre lui. Dans le parlement d'Angleterre parloit modérément pour & contre lui, jusqu'à ce que les écrivains à gage qu'il soudoyoit pour intimider ses défenseurs, aient assez accoutumé l'esprit du peuple à l'idée de son supplice [1].

Si Louis eût été moins humain, un roi altier, on auroit attisé son orgueil, on auroit fait jouer d'autres ressorts pour le perdre, & nous serions peut-être esclaves. Les intrigues des cours ne se révèlent que pour la postérité; ceux qui n'y paroissent point liés, qui y paroissent même opposés, sont souvent les principaux agens. Les plus exercés de l'assemblée constituante ont peut-être craint le coup ou connu le secret, ils ont remis Louis sur le trône. Malgré les sommes qu'on leur auroit données ou promises, ils n'auroient pas remis dans ses mains une autorité qui les auroit écrasés dans la suite. On tâche de duper les fourbes, mais on ne s'y fie jamais. La réponse de Louis sur cet objet est très-sage & très-circonspecte.

Envoi de 20 bataillons contre les Marseillois.

Les Marseillois avoient des intentions patriotiques, mais ils étoient armés contre le vœu de

(1) Voyez Moreri, les révolutions d'Angleterre, & la vie de Cromwel.

la loi ; ils n'avoient point de décrets ni d'ordres qui les autorisassent. Par un coup de vigueur, par une sainte insurrection, ils ont intimidé les contre-révolutionnaires. Mais le pouvoir exécutif étoit responsable des délits que la fougue peut occasionner. On aura dit à Louis : tous moyens de pacifications seront employés, mais il faut aussi, pour rétablir le calme, faire passer promptement une force imposante. Si Louis avoit signé des ordres, je demande si c'est criminel d'avoir desiré la paix.

La lettre de ses frères & projets contre-révolutionnaires à lui adressés.

Louis chef du pouvoir exécutif a fait des proclamations à ses frères dans lesquelles on a dû remarquer l'expression de la sévérité. Lié par le sang, frère en un mot, ces mesures devoient affliger son cœur. Les lettres que ses frères pouvoient lui envoyer, il ne devoit pas les dénoncer à la nation, pour l'aigrir davantage contre eux. Il pouvoit espérer qu'ils ouvriroient les yeux à leurs intérêts, & qu'ils fouleroient aux pieds leurs erreurs & leurs vanités. Les projets contre-révolutionnaires que des illuminés anonymes lui adressoient, étoient peut-être des piéges ou des folies qu'il n'auroit pu dénoncer sans être accusé dans ces temps de vouloir endormir la nation par une apparente vertu.

Le refus de sanction sur le décret des prêtres insermentés.

J'ai connu des prêtres insermentés très-honnêtes gens, mais qui, après avoir toujours vécu dans les préjugés, se faisoient un crime de rétrograder sur ce qu'ils croyoient les principes de leur conscience & de la religion. L'hypocrisie qui ressemble tant à la vertu, qui est si adroite & si insinuante, pouvoit représenter à Louis, avec avantage, la désolation, la misère & les dangers que courroient ces prêtres innocens, lorsqu'on exécuteroit contr'eux, ce décret rigoureux. L'assemblée constituante avoit statué sur leur sort & sur leur police civile. Louis pouvoit penser en sa conscience, qu'en sévissant contre les turbulens, il sauveroit les innocens.

L'affaire du 10 *Août.*

Remontons à l'époque du 20 juin où l'on fit chez Louis cette irruption si subite. Fort de de cette même conscience, il ne parut pas effrayé. Il disoit à ceux qui l'entouroient : tâtez mon cœur, sentez s'il palpite, l'homme de bien n'a rien à craindre. Combien cette journée cependant dut lui donner à réfléchir & réchauffer le faux zèle des royalistes & la surveillance des constitutionnels auprès de sa personne. Ne vit-il pas dès cet instant que le trône avoit failli s'écrouler, & qu'il n'y avoit plus de sûreté pour lui & sa famille, s'il ne prenoit toutes les précautions possibles pour arrêter un second effort. Le peuple est bon, mais ses transports sont terribles, & d'ailleurs les malveillans se glissent toujours dans les insurrections.

Si Louis échappa cette fois ainsi que sa famille à de grands dangers, n'étoit-ce pas une raison pour se mettre en garde contre une seconde plus funeste. Il étoit chez lui ; comme simple particulier, il auroit exigé le secours de la force publique ; comme autorité constituée, il devoit faire respecter la loi du peuple. Des bruits alarmans se répandent : par-tout on affiche sa chûte pour un jour marqué ; ses gardes sont doublées, la force publique requise ; les royalistes faux constitutionnels & les vrais constitutionnels l'entourent. La journée du 10 arrive : par-tout on entend sonner le tocsin ; on conseille au roi de visiter sa garde. Sans lui commander le carnage & les voies de fait, Louis, par sa présence, semble lui demander une contenance imposante. Toutes les autorités constituées, assemblées au château, approuvent ces mesures par leur silence ou par des exhortations ; car elles pouvoient s'y opposer, dénoncer même Louis au corps législatif. Le peuple arrive : des infâmes du château tirent sur le peuple ; ceux qui, simples gardes, ne pouvoient rien concevoir à cette irruption, qui, au premier coup de feu qu'ils oint entendu, se sont crus attaqués, ont tiré sur le peuple. De-là cette guerre civile que l'on ne se rappelle qu'avec un tressaillement d'horreur; guerre dont la cause, ignorée par beaucoup, est interprétée de tant de manières pour aigrir contre Louis, & semer la division parmi les citoyen. Périssent de remords les scélérats qui ont égorgé leurs concitoyens.....! Mais couvrons d'un voile cet affreux tableau ; ne mesurons pas le sang qui a été versé ; que les intrigues des cours pour jamais anéanties parmi nous, si elles ont participé à quelque chose dans cette journée ; que les grands succès, que la gloire qu'elle nous a mérité, que le véritable amour de la république sèchent nos larmes. Si cette révolution détrône Louis, elle ne le condamne pas; car il n'en étoit pas l'auteur. Il ne doit plus être à nos yeux qu'un individu dont l'infortune a sauvé la nation.

Voici les plus graves délits dont on l'accusoit, réfutés, j'en suis certain, d'une manière victorieuse vis-à-vis du peuple, vis à-vis des juges qui se connoissent en politique, & vis-à-vis même de ceux qui crient à la guillotine avec tant de fureur. Peuple, tu ne dois pas te laisser entraîner par celui qui parle le dernier; mais, si tel est ton malheur qu'il faille que tu sois séduit par une éloquence continuellement fougueuse, écoute encore un instant: que les détails que je viens de soumettre à ta réflexion disparoissent, j'y consens: voyons Louis coupable, si tu le veux; mais écoute la voix de la raison & de la conscience. Loix irréfragables! qu'on ne peut violer sans détruire la base d'une république, qui est la vertu; car sans vertus on ne peut être honnêtes gens; & la république sans honnêtes gens est un cloaque, une caverne de brigands. Louis, si je le supposois coupable, pour te flatter, Louis, dis-je, passeroit-il à tes yeux pour un tyran? Sa vie, à quiconque la connoît, peut-elle être souillée de ce reproche? Etoit-il fastueux? Est-ce lui qui, par de folies dépenses, a ruiné la patrie (1)? N'a-t-il pas, dans ses ré-

(2) Un cordier avoit été forcé de payer un loyer au gouverneur du château de Versailles pour exécuter son métier dans une place. Louis passoit, & s'informant à ce cordier de l'état de ses petites affaires, ce dernier lui répondit que ça iroit bien s'il n'étoit pas obligé de

formes, donné l'exemple de l'économie? A-t-il suscité des gueares, pour s'agrandir, aux dépens de la vie & de la fortune du peuple? N'est-ce pas à lui que nous devons la protection des génies célèbres qui nous ont guidés dans la révolution (1)? Les assemblées provinciales, commencement de la liberté publique; l'assemblée des notables, l'éveil des états-généraux, les états-généraux, le berceau & l'élevation de l'assemblée nationale; ces discours qu'il se seroit donné de garde de prononcer, s'il eût été un instant despote? Ne lui devons-nous pas notre régénération: oui! notre régénération....? Peuple, si tu as montré de l'énergie, est-ce une raison pour ne pas lui rendre la justice qui lui appartient, ou d'oublier le moindre bien qu'il t'auroit fait? Mets à sa place Louis XV, Louis XIV, aurois-tu jamais été libre?

---

payer un loyer. Louis étrangement surpris de cette exaction, fit restituer au cordier, tous les loyers qu'il avoit payés, & lui donna une gratification.

A son avènement au trône, il supprima le droit de joyeux avènement qui pesoit sur le peuple.

A son premier enfant, il supprima le droit de ceinture qui pesoit également sur le peuple.

Recherchez tous les traits qui ont honoré sa vie pivée, & jugez après l'homme public.

(3) On se souvient de ce libraire qui étoit à Versailles du côté des escaliers du palais. Comme il vendoit des brochures instructives dans les circonstances, il fut pris, conduit en prison & sa boutique fermée. La femme fit parvenir ses plaintes, Louis ordonna qu'on lui fît venir le libraire, malgré toutes les representacions, & dit qu'il vouloit que le libraire lui apportât donénavant toutes les nouveautés, & qu'il le prenoit sous sa protection. Voilà le tyran.

Si ces considérations ne réveillent pas en toi la chaleur du sentiment, si tu le trouves encore tyran; eh bien, imite la république de Syracuse dans sa fierté! Denis, l'atroce tyran Denis renversé du trône par le peuple, ne vécut-il pas après sa chûte simple maître d'école parmi ses concitoyens. C'est-là qu'on étoit donc à la hauteur des principes, & que la vie d'un seul individu ne pouvoit balancer les grandes destinées de la république. Brutus, s'il eût existé du temps de Denis, auroit frappé le tyran; mais il auroit méprisé l'individu chassé du trône: Brutus aimoit les loix, il n'auroit point commis d'assassinat.

Cet exemple ne te frappe point? ... Louis condamné comme le plus scélérat des hommes, marche à la mort; son supplice est une fête consacrée à ta prétendue vengeance, tu applaudis au bourreau, s'il s'en trouve, car en Angleterre le bourreau refusa d'assassiner Charles Stuart; un bourreau, dis-je, courbe la tête... Peuple, arrête cette main sanguinaire: si tu veux être libre écoute la loi.

« La personne du Roi est inviolable & sacrée. François généreux, tu l'as jurée cette loi, tu as prodigué ta vie pour le livre dans lequel tu l'as consacrée. Louis, en l'acceptant, disoit, & c'est bien là le langage de son cœur: « Puisse « cette grande & mémorable époque, être celle « du rétablissement de la paix, & devenir le « gage du bonheur du peuple ».

Une inviolabilté jurée par une nation entière, dans toutes les fêtes qu'elle a solemnisées, peut-elle exister, & n'exister pas? Des faux-fuyans peuvent-ils anéantir l'engagement indiſpenſable d'un peuple avec le roi qu'il s'eſt choiſi? Si la conſtitution ne l'eût pas déclaré inviolabie & ſacré, n'auroit-elle pas porté avec la punition de mort contre le roi pour des erreurs involontaires, & pour les fautes de ſes agens. La reſponſabilité des miniſtres pour les ordres mêmes ſignés du roi, ne prouve-t-elle pas que ce caractère ſacré & inviolable, attaché à la perſonne de Louis, n'étoit pas une dériſion atroce.

Peuple républicain, tu as abattu le trône, crois-tu n'avoir point puni celui que tu y avois aſſis? Quoi! La plus belle couronne de l'univers, le reſpect de toutes les puiſſances, l'amitié de toi, la meilleure des nations, l'eſpoir pour ſon fils d'un ſi brillant héritage, toutes les jouiſſances qu'il pouvoit goûter, tous ces biens pour jamais perdus pour lui & ſa poſtérité, ne ſont pas autant de cauſes de tourmens? Une priſon eſt ſa demeure; l'eſclavage eſt ſon ſort. Mais s'il étoit tyran, la mort ſeroit moins cruelle pour lui que ces ſouvenirs. D'Orléans, régent de Louis quinze, ce deſpoſte diſoit: » Que je ſois roi pendant « vingt-quatre heures; que je périſſe après, je « meurs content. » La ſoif de régner en tyran, (ſi Louis l'avoit jamais deſiré) allumeroit maintenaut dans ſon cœur une rage que la crainte de la mort même ne pourroit étouffer. Les chagrins ſeuls minent ſa ſanté, ſans aigrir ſon ame: même ſérénité, même bonté. Ceux qui l'entourent en rendent le témoignage. Hélas! ſi Louis n'eût point été roi, il ſeroit bon citoyen; & dans ſes habitudes on reconnoît que les douceurs de la vie domeſtique auroient mieux convenu à ſon cœur, que les jouiſſances paſſagères du trône...

Bon François ! je rougis de t'avoir un inſtant ſuppoſé inacceſſible à la pitié, à la raiſon, à la voix de ta loi. Pardonne, ce n'eſt pas toi que je crains, tu n'es point féroce. Si tu devenois parjure à toi même, ce ne ſeroit pas encore ta faute. Mets-toi en garde contre ceux qui veulent te glacer le cœur, contre ces argumens barbares forgés par l'erreur, ou dans l'encre du crime.

Ce n'eſt pas Louis qui a fait couler le ſang, je te l'ai prouvé : on ne lave pas le ſang avec du ſang. Crains que Louis exécuté, le rideau vienne à ſe lever, & que tu ne ſois forcé à t'agenouiller devant un uſurpateur.

Cromwel, & je ne ceſſerai de te le rappeller, Cromwel, te dis-je, par ſes ſombres complots, fit décapiter Charles. Ses fautes, que Louis n'a jamais commiſes, ſembloient excuſer ſon ſupplice. Le lendemain de ſon exécution, chacun fouillant en ſa conſcience, ſe trouvoit coupable de l'avoir toléré. Quel en a été le fruit ? le renverſement d'une république qu'on croyoit éternelle; le maſſacre des juges & de leurs complices ; des ſéditions, la perte de la liberté ; car celle dont jouit l'Angleterre, un ſouffle peut la renverſer ; des loix & la honte d'un crime.

Tu ne crains point d'uſurpateurs ?..

Comme un aſſaſſin enſanglanté qui calcule dans les ténèbres le produit & les ſuites de ſon homicide, voyons ſi nous échapperons aux dangers qui nous menacent.

Les Pays-Bas ſeuls doivent la liberté au courage de nos compatriotes. Déja l'hypocriſie sème chez eux la diſcorde, leur retrace les cruautés qui ont taché notre révolution, comme le penchant actuel des François; Francfort ainsi trompé a repris ses fers. Que sera-ce lorsqu'ils apprendront la mort de Louis connu par sa vie tranquille & sa bonté? Fera-t on traduire en leurs langues toutes les pièces originales de son procès? Ne sera-t-il pas plus facile de suggérer à ces peuples simples, encore enfans pour la liberté, que notre liberté est pour nos crimes? L'armée françoise qui ne desire pas sa mort, ira-t-elle en faire un éloge pompeux? Si cette partie de l'Europe séduite par nous, n'ouvre point son cœur à l'humanité, si elle ne s'attendrit pas au récit de ce procès illégal, sera-ce un sujet d'espérer que l'Angleterre, l'Ecosse & l'Irlande, la Russie, la Pologne même, le Dannemark, la Suède, la Suisse, l'Italie entière & toutes les puissances réunies, indignées pour leur propre gloire d'un traitement si rigoureux, ne se liguent fortement & ne fassent des efforts incroyables pour venger le supplice de Louis. Ah! peuple françois, l'effort de ton bras pourra repousser tous les tyrans, tous les esclaves lorsque tu combattras pour la cause de la liberté; elle est si juste & si pure, cette cause! elle t'attire la vénération des peuples, & tous se déclareront pour toi. Mais si c'est pour échapper à la punition d'un crime, tremble! La cause n'est plus la même. Les peuples encore attachés au préjugé des rois, dont les religions plus ou moins sévères dirigent les consciences, s'indigneront de t'avoir un instant respecté; ton action leur paroîtra le forfait le plus odieux & le plus sacrilége; ils marcheront vers toi, non comme des esclaves du despotisme, par la crainte de la désobéissance, mais enflammés d'une fureur fanatique, croyant venger l'humanité & la religion, & pour rétablir sur le trône l'héritier de la couronne, parmi le sang & le carnage. D'ailleurs, si leur gloire n'y est pas intéressée, leur intérêt leur commande, car la plupart ont des droits à la couronne de France. Ressouviens-toi du temps où Louis XV, ce roi si corrompu, manqua d'etre assassiné par Damiens. Donnas-tu des larmes à l'horrible supplice qu'il endura? Non, tu frémissois d'effroi, mais tu disois: le scélérat l'a bien mérité. Eh bien! Vois si les prétendus délits de Louis seront assez prouvés pour qu'ils ne tombent pas dans l'oubli aussi-tôt sa mort. Les peuples étrangers ne connoîtront que son innocence.

Veux-tu donc que nous passions vis-à-vis d'eux pour autant de Damiens, de Ravaillac, de Jean Châtel, qu'il faut punir en les déchirant par lambeaux? Hélas! qui sait si tu ne dois pas l'acharnement qu'on met à sa mort, à l'instigation de quelque puissance jalouse de ta liberté & de tes richesses, qui n'attend que ce prétexte pour se coaliser avec les autres. En vain te dira-t-on: les rois trembleront sur leur trône; les peuples attendent ces grands exemples pour renverser les rois. Phrases! mensonges grossiers! Jamais les crimes n'ont trouvé de vertueux partisans. Tu dois toujours te faire distinguer parmi toutes les nations de l'Europe, par ta magnanimité, ton affabilité, ton caractère national, en un mot. Ajoutes-y la sagesse, la vertu, une constitution libre, par-là, tu donneras un nouvel être aux esclaves; par là, tu verras les peuples excités, sacrifier tout, pour imiter un aussi sublime modèle. Que feroient les rois détrônés ? un exemple de l'inftabilité des chofes contre nature ?

Fort de ta volonté, je veux que tu fois réfolu à tout, à la mort même ; mais faut-il que nos femmes, nos enfans, notre poftérité foient les victimes innocentes d'un excès de ta fureur. Ces belles, ces riches contrées feront-elles donc toujours ravagées ? refteront-elles incultes par des guerres éternelles ? feront-elles toujours attriftées & jonchées de cadavres ?

Défenfeurs des intérêts du peuple, de fa liberté, créateurs de la république, qu'une conduite jufte ou généreufe fignale votre ouvrage : la moindre tache l'aviliroit pour toujours. La fenfibilité n'eft point une foibleffe. Vous avez profcrit la royauté pour toujours ; que la faulx de la liberté abatte celui qui ufurpera la fouveraineté du peuple ! Portion du fouverain, je maintiendrai mes droits ; car, qui enfreint les loix attaque ma propriété & ma vie. Une conftitution qui nous garantiffe ces droits, qui affure la ftabilité de la république, qui régénère les fciences, les arts, le commerce ; qui rende la vie facile au peuple, qui foit enfin le comble de nos vœux : voilà ce qu'il vous faut demander, exiger même des légiflateurs, au nom du peuple fouverain. Ecartez ces difcuffions qui nous agitent, qui nous font perdre de vue nos véritables intérêts, qui attiédiffent notre courage, qui nous mettent à deux doigts de notre perte. Légiflateurs, vous êtes dignes de remplir cette noble tâche, vous le devez.

Et nous, citoyens d'une même république, peuple de frères, réuniffons-nous avec force, vivons en concorde : que chaque jour ressemble à celui de la fédération du 14 juillet 1770. On ne connoissoit point d'ennemis, ils étoient cachés. Cependant, ils étoient plus nombreux qu'aujourd'hui : les sentimens de la fraternité abondoient dans tous les cœurs. C'est par là que nous anéantirons les factions, s'il en existe, que nous seconderons & que nous accélèrerons les travaux de nos législateurs, si précieux pour nous.

Et vous, braves Parisiens. dignes héros de la liberté, vous dont les départemens ont admiré l'énergie, qui pouvez encore leur donner l'exemple, n'augmentez pas vos pertes & vos sacrifices en desirant que votre séjour soit souillé du sang de celui qui fut votre roi; craignez que les départmens, si cette scène attroce est décrétée & exécutée chez vous, faisant bientôt un retour sur eux-mêmes, s'ils avoient un instant partagé votre erreur, ne vous accusent bientôt d'en être les instigateurs : tremblez qu'ils ne vous punissent en vous abandonnant. Sans eux vous n'êtes rien : vos propriétés ne sont que des pierres & du papier : dans la rage de la faim vous n'auriez qu'eux à ronger. Réfléchissez au bord du précipice, & ne flattez pas la main perfide qui vous y entraîne. Sortez devos paisibles foyers, allez dans vos sections y porter l'amour & le respect dûs aux loix du souverain : présentez sans cesse des pétitions sages sur des objets si intéressans pour vous. Ne craignezrien : votre crainte enhardirois vos lâches ennemis : votre ardeur les fera pâlir....

Marchez toujours avec courage dans le sentier de l'honneur, de la vertu & de la liberté.

Animé de ces nobles passions, je dis hautement :

la convention nationale n'eſt point compétente pour juger Louis.

En vertu du contrat ſacré exiſtant entre le peuple & Louis, il ne peut être jugé.

Louis eſt innocent.

Sa mort feroit un lâche aſſaſſinat que le peuple, pour ſa liberté, ſon honneur & ſon intérêt, ne peut commettre.

Ce que je penſe, je l'écris, parce que je ſuis républicain. Citoyens, foulez aux pieds la crainte & les préjugés ſanguinaires, demandez des loix, ſuivez-les; la France ſera libre & heureuſe.

LOUIS XVI AUX FRANÇAIS.

Popule meus, quid feci tibi ?

Air du PAUVRE JACQUES.

O mon peuple, que vous ai-je donc fait !
J'aimois le vertu, la justice ;
Votre bonheur fut mon unique objet ;
Et vous me traînez au supplice ! *bis.*

Français, Français, n'est-ce pas parmi vous
Que Louis reçut la naissance ?
Le même ciel nous a vu naître tous ;
J'étois enfant dans votre enfance.

O mon peuple, ai-je donc mérité
Tant de tourmens & tant de peines !
Quand je vous ai donné la liberté,
Pourquoi me chargez-vous de chaînes ! *bis.*

Tout jeune encor, tous les Français en moi
Voyoient leur appui tutélaire !
Je n'étois pas encore votre Roi,
Et déja j'étois votre père.
O mon peuple, que vous ai-je donc fait ? &c.

Quand je montai ſur ce trône éclatant
Que me deſtina ma naiſſance,
Mon premier pas dans ce poſte brillant
Fut un édit de bienfaiſance.
O mon peuple, ai-je donc mérité, &c.

Le bon HENRI, long-tems cher à vos cœurs,
Eut cependant quelques foibleſſes;
Mais Louis XVI, ami des bonnes mœurs,
N'eut ni favoris ni maîtreſſes.
O mon peuple, que vous ai-je donc fait! &c.

Nommez les donc, nommez-moi les ſujets
Dont ma main ſigna la ſentence!
Un ſeul jour vit périr plus de Français
Que les vingt ans de ma puiſſance!
O mon peuple, ai-je donc mérité, &c.

Si ma mort peut faire votre bonheur,
Prenez mes jours, je vous les donne.
Votre bon Roi, déplorant votre erreur,
Meurt innocent & vous pardonne.

O mon peuple, recevez mes adieux;
Soyez heureux, je meurs ſans peine.
Puiſſe mon ſang, en coulant ſous vos yeux,
Dans vos cœurs éteindre la haine. *bis.*

FIN.

www.ingramcontent.com/pod-product-compliance
Ingram Content Group UK Ltd.
Pitfield, Milton Keynes, MK11 3LW, UK
UKHW022157190726
13855UKWH00004B/1519